Einsterns Schwester

2

Arbeitsheft 3
Texte schreiben

Herausgegeben von
Roland Bauer
Jutta Maurach

Erarbeitet von
Katrin Baudendistel
Daniela Dreier
Alexandra Schwaighofer

Cornelsen

Inhaltsverzeichnis

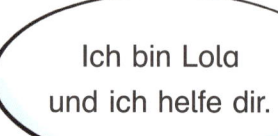
Ich bin Lola
und ich helfe dir.

So kannst du mit den Heften arbeiten

Du machst alle
Seiten der Lernportion .

Zuerst im grünen Heft.	Dann im roten Heft.	Dann im gelben Heft.	Und dann im blauen Heft.
	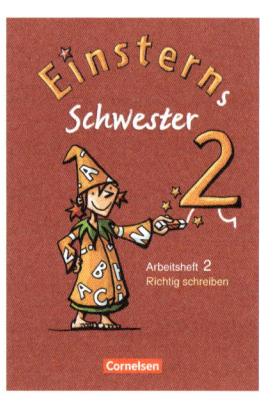		

Danach machst du in
allen Heften die Lernportion .

Nun machst du in
allen Heften die Lernportion .

Genauso bearbeitest du
alle anderen Lernportionen.

4

1 Beschreibungen ergänzen

1 Lies die Sätze genau.
Ergänze die fehlenden Wörter.

rund	roten	blau	weiß	lang

laut	hoch	eckige	schnell

Der Fußball ist _____ .

Seine Farben sind schwarz und _____ .

Er soll in das _____ Tor.

Das Fahrrad ist _____ .

Seine Klingel ist _____ .

Man kann damit _____ fahren.

Die Schaukel hat einen _____ Sitz.

Ihre Seile sind _____ .

Sie fliegt _____ in die Luft.

1 Wörter zu einem Thema auswählen

1 Unterstreiche alle Wörter, die zum Thema Zoo passen.
Schreibe sie in die Zeilen um das Bild.

Affen	Käfig	Flugzeug	Seehunde	Futter	Schiff

Tierpfleger	Giraffen	Tafel	Eisbären	Wasserbecken

Affen

Lernportion 1: Beschreibungen vorbereiten und erstellen

1. **Wörter zu einem Thema finden**

1 Finde Wörter zum Thema Bauernhof.
Schreibe sie in die Zeilen.

1 Beschreibungen zusammensetzen

1 Schreibe zu jedem Bild die passenden Sätze.

| Es ist eine Pflanze. | Es ist ein Ding. | Es hat Zweige und Blätter. |

| Es ist ein Tier. | Es hat eine Tür und ein Dach. |

| Es hat einen Stachel. | Seine Wurzeln sind in der Erde. |

| Menschen wohnen darin. | Es fliegt von Blume zu Blume. |

Es ist eine Pflanze.

1 Beschreibungen erstellen

1 Beschreibe, was auf den Bildern ist.

2 Male selbst etwas und beschreibe es.

1 Rätsel schreiben

1 Lies die Rätsel.
Schreibe die Lösung in die Zeilen.

Es ist ein Ding.

Man kann es anziehen.

Es hat zwei lange Ärmel.

Es hat keine Knöpfe.

Lösung:

Es ist ein Tier.

Es legt Eier.

Es hat Federn.

Es lebt auf dem Bauernhof.

Lösung:

2 Schreibe selbst ein Rätsel.

Es ist

Lösung:

? O O

Es ist ein ...

 **Einen Steckbrief zu einer Person ergänzen**

1 Ergänze den Steckbrief.

| Pippi Langstrumpf | schwarz und schwarz-gelb gestreift |

| braun | rot | Zöpfe | blau mit weißen Punkten |

| Sommersprossen, kann auf den Händen laufen |

Name:

Haarfarbe:

Frisur:

Augenfarbe:

Strümpfe:

Hose:

Schuhe:

Besondere Kennzeichen:

2. Passende Sätze zu einer Person auswählen

1 Sieh dir die Bilder genau an.
Kreuze nur die passenden Sätze an.

- ⊗ Sie trägt Jeans.
- ○ Sie ist sechzig Jahre alt.
- ○ Ihre Haare sind kurz.
- ○ Auf ihrem T-Shirt ist ein Pferd.
- ○ Sie trägt Ringe.
- ○ Sie hat eine Zahnlücke.
- ○ Ihre Augen sind braun.
- ○ Sie isst einen Apfel.

- ○ Er liebt Kaugummiblasen.
- ○ Er hat schwarze Haare.
- ○ Er trägt Turnschuhe.
- ○ Er trägt eine Brille.
- ○ Er hat ein Buch in der Hand.
- ○ Seine Augen sind grün.
- ○ Er führt einen Hund an der Leine.
- ○ Seine Armbanduhr ist groß.

2. Passende Sätze zu einer Person schreiben

1 Beschreibe die Person mit passenden Sätzen.

Sie

2. Steckbriefe zu Pflanzen ergänzen

1 Sieh dir die Fotos genau an. Ergänze die Steckbriefe.

Sonnenblume	Schneeglöckchen	klein	groß	Winter	Sommer

weiß	gelb	wie eine Sonne	wie eine Glocke	schmal	breit

Name: _Sonnenblume_

Größe: _____

Sie blüht im: _____

Farbe der Blüte: _____

Form der Blüte: _____

Form der Blätter: _____

Name: _____

Größe: _____

Sie blüht im: _____

Farbe der Blüte: _____

Form der Blüte: _____

Form der Blätter: _____

2. Pflanzen beschreiben

1 Ergänze die Beschreibung dieser Blume.

Diese Blume heißt _____ .

Sie ist eine _____ Blume.

Sie blüht im _____ .

Die Farbe ihrer Blüte ist _____ .

Die Form ihrer Blüte ist _____ .

Die Form ihrer Blätter ist _____ .

> Die Steckbriefe auf Seite 14 helfen dir.

2 Beschreibe diese Blume.

_____
_____

_____

_____
_____

_____
_____

_____
_____

_____
_____

2 Ein Tier beschreiben

1 Lies die Beschreibungen genau.
Ergänze den zweiten Tiernamen.

Dieses Tier heißt Amsel.

Es lebt in Gärten und Parks.

Es frisst Regenwürmer, Insekten und Beeren.

Das Männchen ist schwarz und hat einen gelben Schnabel.

Dieses Tier heißt .

Es lebt auf Bäumen.

Es frisst Nüsse und Eicheln.

Es hat einen buschigen Schwanz.

2 Beschreibe das Tier.

Dieses Tier

2. Eine Suchanzeige für ein Tier schreiben

1 Lies die Suchanzeige genau.
Schreibe eine ähnliche Suchanzeige für den Pudel.

Wer hat unsere Katze gesehen?

Mini ist entlaufen!
Wir suchen seit dem Wochenende
unsere graue Katze. Sie trägt ein rotes Halsband
mit einem silbernen Namensanhänger.
Ihre linke Vorderpfote ist weiß. Hinweise bitte
an Familie Pfeifer (Tel.: 07071 / 9466755)

Wer hat unseren Pudel gesehen?

3 Sätze zu Bildern ordnen

1 Ordne die Sätze den Bildern zu.

| Moment, da ist noch eines. | Da kommt der Wind. |

| Anton hat alle Blätter zusammengeharkt. | Anton will das Blatt holen. |

Ole Könnecke

Sätze zu Bildern schreiben

1 Schreibe zu jedem Bild einen Satz.

Ole Könnecke

3 Sätze nach einer Bildfolge ordnen

1 Ordne Bilder und Sätze passend zu. Trage die Zahlen ein.

| | Da sehen sie dunkle Wolken am Himmel. | | Während des Gewitters stellen sie sich in einem Häuschen unter. |

 Lisa und Tom spielen im Freibad mit dem Wasserball.

 Schnell steigen die beiden aus dem Wasser.

2 Schreibe die Sätze in der richtigen Reihenfolge ab.

Lisa und Tom

3. Sätze nach einer Bildfolge schreiben

1 Schreibe eine Geschichte zu der Bildfolge.
Die Wörter helfen dir dabei.

Kuchen backen Salz statt Zucker	Teig Backform Backofen	Kuchen fertig Tisch gedeckt	Kuchen probiert versalzen

3 Sätze zu einem Bild ergänzen

1 Sieh dir das Bild an und ergänze die Sätze.

Die Sonne scheint.

Am Himmel sind drei

Auf der Insel

Im Boot

Im Wasser

Auf dem Luftmatratzen

3. Frei zu einem Bild schreiben

1 Sieh dir das Bild an. Schreibe Sätze dazu.

3 Eine Bildergeschichte weiterschreiben

1 Schreibe die Geschichte weiter.

Tim möchte Lisa etwas schenken.
Er sieht eine Wiese mit Pusteblumen
und pflückt einen Blumenstrauß.

Tim trifft sich mit Lisa.
Er übergibt ihr den Blumenstrauß.
Sie freut sich sehr über das schöne Geschenk.

Eine Bildergeschichte ergänzen und schreiben

1 Ergänze das letzte Bild. Schreibe eine Geschichte zu den Bildern.

1 Wähle für jede Liste Kinder aus deiner Klasse aus.

Mädchen	Jungen

Kinder mit Brille	Kinder mit blauen Augen

Kinder mit braunen Haaren	Kinder mit kurzen Haaren

4   Eine Einkaufsliste schreiben

1   Vergleiche mit dem Bild. Kreuze den richtigen Einkaufszettel an.

○
Wurst
Äpfel
Saft
Kartoffeln
Marmelade
Kekse
Salat

○
Brot
Weintrauben
Eier
Wurst
Nudeln
Milch
Gurke

○
Milch
Eier
Brot
Bananen
Salat
Schokolade
Käse

2   Schreibe einen Einkaufszettel, der zum Wageninhalt passt.

4 Einen Wunschzettel schreiben

1 Was wünscht sich Tim zum Geburtstag?
Schreibe seinen Wunschzettel.

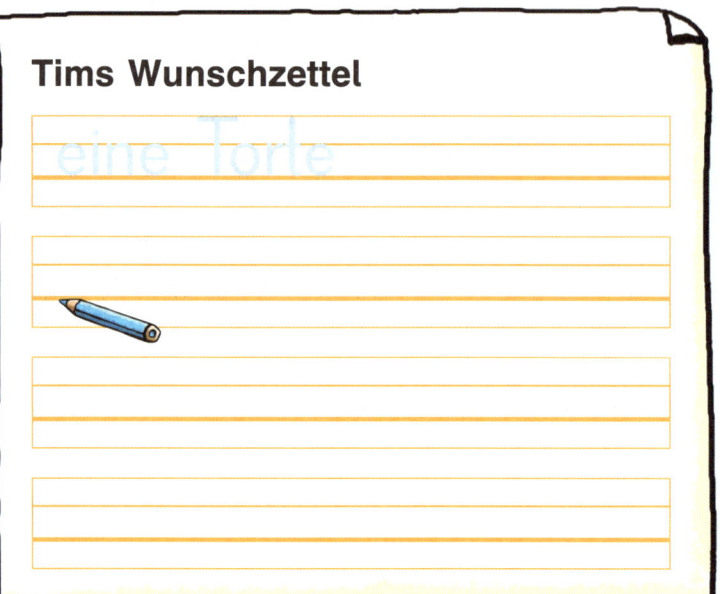

Tims Wunschzettel

eine Torte

2 Was wünschst du dir zum Geburtstag?
Male deine Wünsche. Schreibe deinen Wunschzettel.

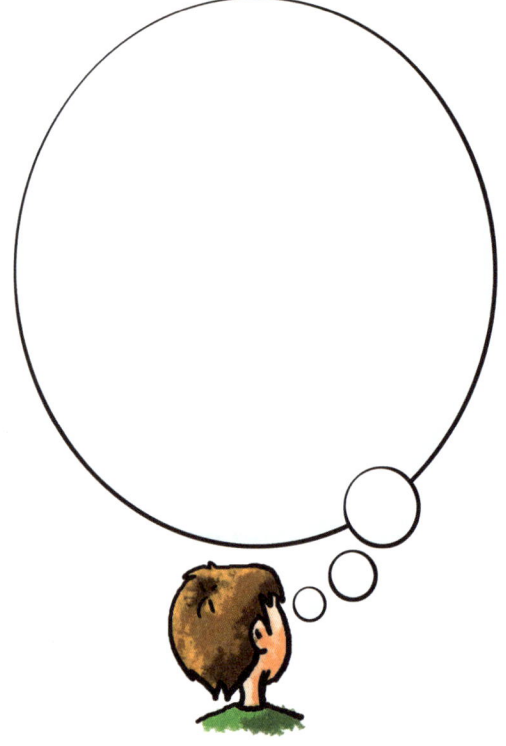

Mein Wunschzettel

4 Namen in einen Geburtstagskalender eintragen

1 Trage die Namen in den Geburtstagskalender ein.

Januar	Februar	März

April	Mai	Juni
Franka		

Juli	August	September

Oktober	November	Dezember

4 Einen Stundenplan ergänzen

1 Ergänze Lisas Stundenplan. Verwende die **Abkürzungen**.

Am Montag in der 1. Stunde ist **Mu**sik.

Am Montag in der 4. und 5. Stunde ist **Sa**chunterricht.

Am Dienstag in der 2. Stunde ist **Ku**nst.

Am Mittwoch in der 2. Stunde ist **M**athe.

Am Mittwoch in der 3. Stunde ist **Sp**ort.

Am Donnerstag in der 1. Stunde ist **Reli**gion.

Am Freitag in der 3. Stunde ist **D**eutsch.

Lisas Stundenplan

	Montag	Dienstag	Mittwoch	Donnerstag	Freitag
1. Stunde	Mu	M	D		Reli
2. Stunde	D			D	M
3. Stunde	M	Sp		Mu	
4. Stunde		D	Ku	M	Sa
5. Stunde					

4 Einen Freizeitplan erstellen

1 Ergänze Tims Freizeitplan. Verwende die **Abkürzungen**.

Tim geht jeden Montag um 15 Uhr zum **Fuß**balltraining.

Nach dem Training hat er nur eine Stunde Pause,
dann beginnt montags um 17 Uhr seine **Flöte**nstunde.

Dienstags und mittwochs besucht Tim
die **Haus**aufgabenbetreuung um 13 Uhr.

Donnerstags isst Tim um 14 Uhr bei seinem Freund **Max**imilian.

Am Freitag besucht Tim um 13 Uhr die **Tanz**-AG in der Schule.

Am Wochenende ist Tim nicht verplant.

Tims Freizeitplan

	Montag	Dienstag	Mittwoch	Donnerstag	Freitag
13 Uhr					
14 Uhr					
15 Uhr	Fuß				
16 Uhr					
17 Uhr					

5. Eine Einladung schreiben

1 Lies dir Lisas Geburtstagseinladung durch.

Für wen?	Einladung zum Geburtstag
Datum	für Tim
Uhrzeit	am Freitag, 14. März
Ort	von 15 bis 18 Uhr
	im Lerchenweg 10
	Kommst du? Bitte gib mir Bescheid.
Telefon	Telefonnummer: 0531–31501069
Von wem?	Viele Grüße von Lisa

2 Schreibe eine Einladung zu deiner Geburtstagsfeier.

Einladung

Für wen? _____

Datum _____

Uhrzeit _____

Ort _____

_____

Telefon _____

Von wem? _____

 **5.** Ein Einladungsplakat schreiben und gestalten

1 Gestalte ein Plakat mit einer Einladung zum Klassenfest.
Achte auf alle wichtigen Informationen.
Schreibe und male.

| Für wen? | Datum | Uhrzeit | Ort | Von wem? |

EINLADUNG

5. Eine Postkarte schreiben

1 Lies die Postkarte und schaue sie genau an.

Anrede

Liebe Bettina,
viele Grüße aus
Österreich. Wir
wandern jeden
Tag. Das Wetter
ist sehr schön.
Viele Grüße
Deine Alexandra

An
Bettina Fuchs
Buchenweg 7
72072 Tübingen

Grüße

Adresse

2 Schreibe selbst eine Postkarte.

Anrede

Grüße

Adresse

5. Einen Brief schreiben

1 Schau dir den Brief genau an.

An
Erna Müller
Ochsenweg 1
71134 Aidlingen

Stuttgart, 10.10.09

Liebe Oma,

am Wochenende habe ich mit Mama und Tante Sabine einen Spaziergang gemacht. Im Wald haben wir Eicheln und Kastanien gesammelt. Zu Hause bastelten wir Herbstketten.
Wann kommst Du wieder zu Besuch?

Viele Grüße

Deine Anna

2 Schreibe einen Brief. Berichte, was du erlebt hast: am Wochenende, in der Schule, …

Ort, Datum

Anrede

Grüße

 **Eine E-Mail schreiben**

1 Schreibe eine E-Mail.

Schreibe die von dieser Seite ab oder erfinde eine eigene.

Drucke sie aus und klebe sie auf diese Seite.

E-Mail für Einsterns Schwester

Senden Anhang Adressen Schriften Farben Als Entwurf sichern

An: lola@einsterns-schwester.de

Kopie:

Betreff: E-Mail für Einsterns Schwester

Von: Signatur: Keine

Liebe Lola,

Du bekommst meine Nachrichten jetzt viel schneller.
Als wir uns noch Briefe geschrieben haben,
dauerte es mindestens zwei Tage, bis sie ankamen.
Jetzt können wir uns mehrere E-Mails am Tag
schreiben. Du kannst dann sofort antworten.
Ist das nicht toll?

Viele Grüße

Deine Tina

Hier kannst du deine E-Mail aufkleben.

Die E-Mail-Adresse oben habe ich erfunden. Wenn du keine echte E-Mail-Adresse kennst, frage deine Lehrerin.

5. Eine Ballonpost schreiben

An Tims Geburtstag verschickt jedes Kind eine Ballonpost.
Die Kinder sind gespannt, wo ihre Ballons wohl landen werden.
Alle hoffen, dass jemand ihre Karten findet und zurückschickt.

1 Lies die Ballonpost, die Tim zurück- bekommen hat.

Tim

wird heute 8 Jahre alt.
Viel Glück!

Wenn Du diese Karte findest, schicke sie bitte zurück.

Finder:
Svenja Krost
Fundort:
Erfurt

An
Tim Hoff
Torstr. 8
97896 Boxtal

2 Schreibe eine Ballonpost, die nach deinem Geburtstag zurückgeschickt wird. Wer hat sie gefunden?

_____

wird heute _____ Jahre alt.
Viel Glück!

Wenn Du diese Karte findest,
schicke sie bitte zurück.

Finder:

Fundort:

6. Reimwörter zuordnen

1 Ordne die richtigen Wörter zu und trage sie ein.

predigt	tragen	brüten	wackeln	aus	spuckt	liebt

Ein Kind singt auf dem Schulweg

Wenn die Pferde auf den Blüten

sitzen und dort Eier __brüten__,

wenn vor lauter dicken Dackeln

alle Pflastersteine _____,

wenn der Pfarrer, ganz erledigt,

in der Badehose _____,

wenn an heißen Wintertagen,

Purzelbäume Äpfel _____,

wenn Frau Schmidt das Meer verschluckt

und ins Goldfischgläschen _____,

wenn es einen Schneefrosch gibt,

eine Maus, die Katzen _____,

einen Lift im Schneckenhaus –

dann erst fällt die Schule _____.

Georg Bydlinski

6. Reimwörter ergänzen

1 Lies das Gedicht.
Ergänze die fehlenden Reimwörter.

Wir

Ich bin ich und du bist du.

Wenn ich rede, hörst du _____ .

Wenn du sprichst, dann bin ich still,

weil ich dich verstehen _____ .

Wenn du fällst, helf ich dir auf,

und du fängst mich, wenn ich _____ .

Wenn du kickst, steh ich im Tor,

pfeif ich Angriff, schießt du _____ .

Spielst du pong, dann spiel ich ping,

und du trommelst, wenn ich _____ .

Allein kann keiner diese Sachen,

zusammen können wir viel _____ ,

Ich mit dir und du mit mir,

das sind _____ .

Irmela Brender

1 Ordne dem Gedicht die passenden Zeilen zu.

Ein Krokodil

| am Tage ist es faul. | | und frisst mich dann. |

| da seh ich es schon hocken. |

Ich träum, es kommt ein Krokodil

mit einem großen Maul.

Am Tage liegt's auf einem Stein,

Und dann am Abend wird es wach

und macht sich auf die Socken.

Es kriecht zu unserm Haus aufs Dach,

Doch wenn es erst ganz dunkel ist,

dann schleicht es sich heran.

Es will zu mir herein

ich hab nur was vergessen.

glaub ich, es ist ein Drachen.

und reißt sein Maul schon auf.

Es hinkt durchs Haus, das hör ich doch,
es steigt die Treppe rauf.
Dann kommt's herein durchs Schlüsselloch

Es hat 'ne Menge Zähne in
dem großen roten Rachen.
Und weil es auch noch Flügel hat,

Was willst du hier, schrei ich ganz laut,
ich glaub, du willst mich fressen.
Nein, sagt das Krokodil und schaut,

Hanna Johansen

1 Lies dir die Abzählverse durch.
Wähle einen Abzählvers und schreibe ihn ab.
Du kannst auch einen anderen Abzählvers aufschreiben.

Paul Pau li ne,
Ap fel si ne,
Ap fel ku chen,
du musst su chen.

Ein ro tes, al tes Schiff
fuhr auf ein gro ßes Riff.
Dort schwamm ei ne Maus
und du bist raus.

Auf der Lei ter
sitzt ein Hahn,
der kräht lus tig,
du fängst an.

Paul Pau li **ne**

6. Ein Wortgedicht schreiben

1 Lies dir das LOLA-Wortgedicht durch.
Ergänze die Wortgedichte zu TIM und LEA.
Finde zu jedem Buchstaben ein passendes Adjektiv.

Das Wörterbuch hilft dir.

L USTIG

O RDENTLICH

L IEB

A LBERN

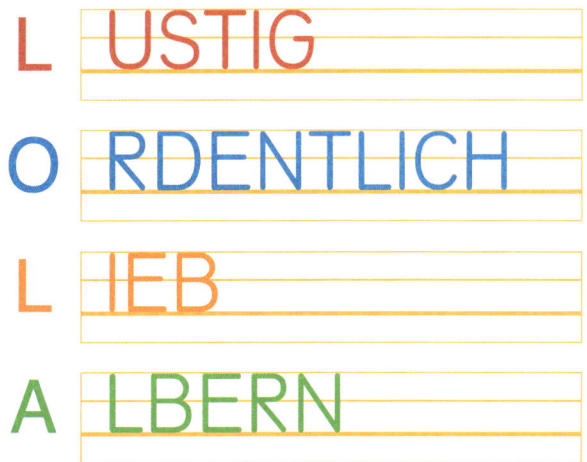

T OLL

I

M

L

E

A

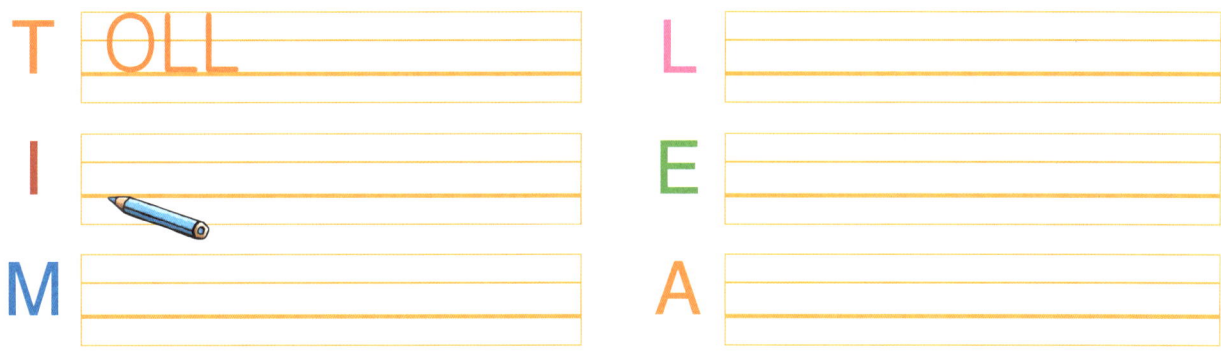

6. Elfchen kennen lernen

1 Diese Gedichtform heißt Elfchen.
Zähle die Wörter in jeder Zeile. Schreibe die Zahl auf die Linie.
Zähle die Wörter in jedem Gedicht. Schreibe die Zahl in den Rahmen.

Helau _____

Tolle Kostüme _____

Piraten, Hexen, Ritter _____

Ich bin eine Prinzessin _____

Fasching _____

Versteckt _____

Bunte Eier _____

Hasen aus Schokolade _____

Ich suche im Garten _____

Ostern _____

Tannenbaum _____

Kerzen brennen _____

Wir singen Lieder _____

Ich öffne meine Geschenke _____

Weihnachten _____

6 Elfchen schreiben

1 Lies dir das Frühlingselfchen durch.

Schön
Viele Tulpen
Rote, weiße, gelbe
Ich pflücke einen Strauß
Frühling

2 Schreibe selbst ein Elfchen zu einer der Jahreszeiten:
Frühling, Sommer, Herbst oder Winter. Male dazu.

> Achte in jeder Zeile auf die Anzahl der Wörter.

7 Eine Bastelanleitung ordnen

1 Nummeriere die Sätze in der richtigen Reihenfolge.
Schreibe danach die Bastelanleitung auf.

> Du brauchst:
> halbe Nussschalen,
> Filzstift, Klebstoff,
> Filz, Wolle.

Mäuse aus Nussschalen

Nun klebst du die Ohren auf die Nussschale.	Dann schneidest du aus Filz Ohren aus.
Zuletzt klebst du ein Stück Wolle als Schwänzchen an.	Zuerst malst du mit einem Filzstift zwei Augen auf deine Nussschale.

Zuerst

7 Eine Spielanleitung ergänzen

1 Betrachte die Bilder. Ergänze die Spielanleitung.

Schwänzchen sammeln

7 Ein Rezept schreiben

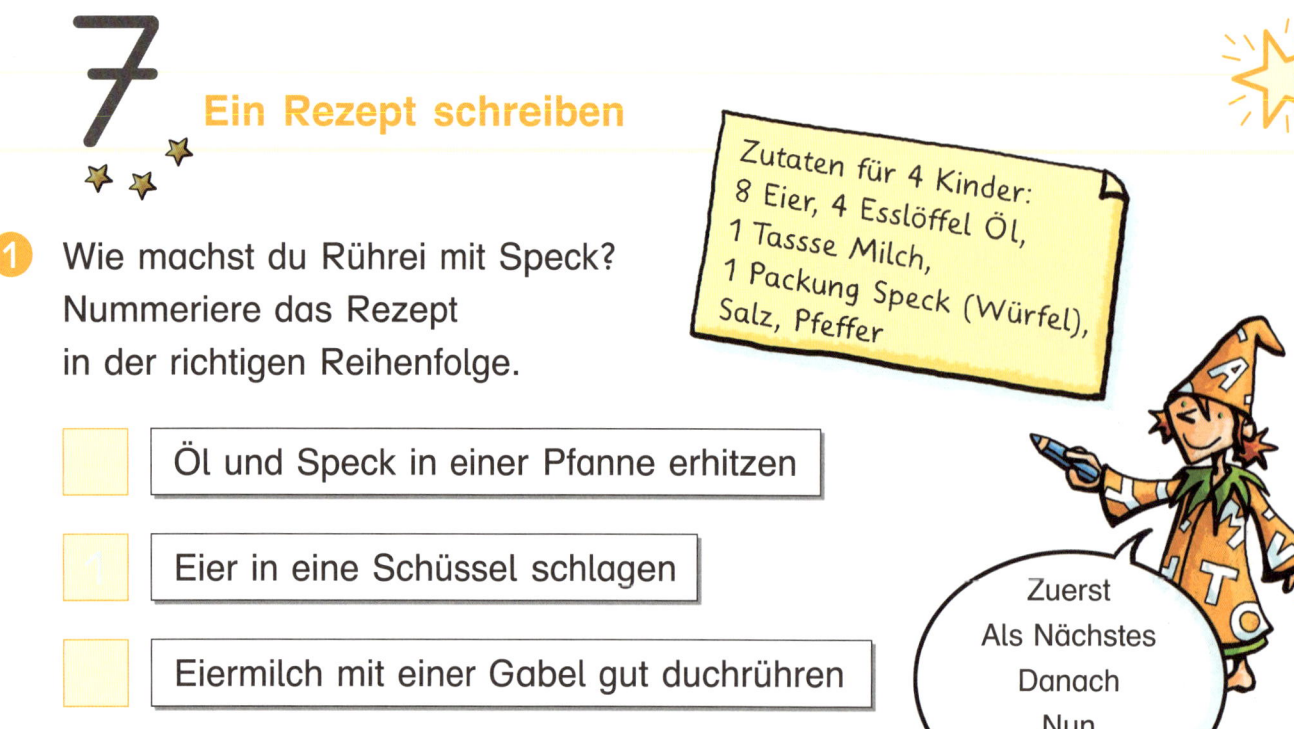

1 Wie machst du Rührei mit Speck?
Nummeriere das Rezept
in der richtigen Reihenfolge.

Zutaten für 4 Kinder:
8 Eier, 4 Esslöffel Öl,
1 Tassse Milch,
1 Packung Speck (Würfel),
Salz, Pfeffer

	Öl und Speck in einer Pfanne erhitzen
1	Eier in eine Schüssel schlagen
	Eiermilch mit einer Gabel gut duchrühren
	Milch, Salz und Pfeffer dazugeben
	Eiermilch mit dem Speck braten und dabei gut durchrühren

Zuerst
Als Nächstes
Danach
Nun
Zuletzt

2 Schreibe auf, wie du Rührei mit Speck machst.

Zuerst schlage ich die Eier

7 Eine Wegbeschreibung ordnen

1 Tim geht in die Bücherei. Sieh dir den Plan an.
Nummeriere die Wegbeschreibung in der richtigen Reihenfolge.

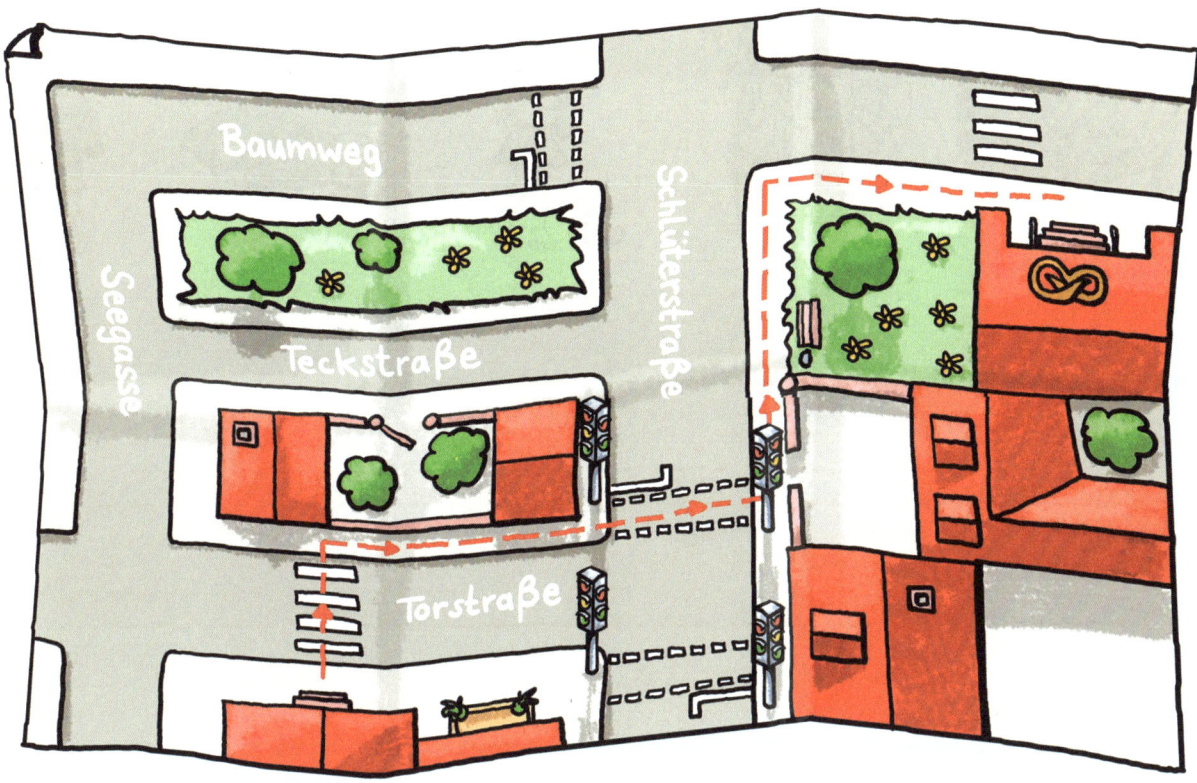

Dann biegt er rechts ab
und läuft die Torstraße entlang.

Nun biegt er rechts ab und steht
nach wenigen Schritten vor der Bücherei.

Als Nächstes überquert er
an der Ampel die Schlüterstraße.

Zuerst kommt Tim aus dem Haus
und geht über den Zebrastreifen.

Danach läuft er die Schlüterstraße entlang
bis zur Kreuzung.

7 Einen Morgenablauf beschreiben

1 Beschreibe, was Lisa morgens tut.

Zuerst steht Lisa auf

Als Nächstes

 **Einen Abendablauf beschreiben**

1 Beschreibe, was Lisa abends tut.

7 Einen Wunschtag beschreiben

1 Wie sieht dein Wunschtag aus? Ergänze die Sätze.

Um _____ Uhr wache ich auf.

Zum Frühstück gibt es

Am Vormittag

Zum Mittagessen

Am Nachmittag

Zum Abendessen

Um _____ Uhr gehe ich ins Bett

und träume von

8 Den Verlauf einer Geschichte erkennen

1 Welche Rahmen gehören zur Geschichte Ein Regen-Nachmittag?
Lies genau und kreuze sie an.

Ein Regen-Nachmittag

○ Es regnete. Lustlos sah Lisa aus dem Fenster.
„Blöd! Jetzt kann ich nicht in den Garten", schimpfte sie.

○ Der große Hund
rannte auf Laura zu.
Er wurde immer schneller.
Aber Lisa sah ihm
fest in die Augen.
Da wurde er plötzlich
langsamer.

○ Lisa hätte auch gerne mit
ihrem großen Bruder gespielt.
Aber der hatte keine Zeit.
So legt sie sich in ihrem Zimmer
auf ihr Kuschelfell.
Da fiel ihr der Schuhkarton
unter ihrem Bett auf.

○ Schnell holte Lisa ihn hervor
und öffnete den Deckel.
In dem Karton waren
alte Bilder und Briefe.
„Hallo, ich bin wieder da",
rief Papa aus dem Flur.
„Wollen wir etwas spielen?"

○ Plötzlich tauchte im Nebel
das Haus auf.
Laura hatte den Weg
zurück gefunden.
Froh rannte sie hinein
und umarmte ihren Vater
und ihre Mutter.

○ Schweißgebadet
erwachte Laura.
Sie schaute sich um
und sah ihr Kinderzimmer.
Sie hatte alles
nur geträumt.

○ Aber Lisa war so
in ihren Karton vertieft,
dass sie Papa gar nicht hörte.
Obwohl es regnete,
war dies ein spannender
Nachmittag geworden.

8. Eine Entscheidungsgeschichte kennen lernen

1 Du kannst auswählen, wie die Geschichte verläuft.
Bei jedem Rahmen musst du dich für einen Pfeil entscheiden.
Male die vier Pfeile aus, die deine Geschichte ergeben.

Es war Sonntag. Tim wollte einen Ausflug machen.

Er ging mit seinem Vater zum Angeln an einen See.

Mit einem Freund ging er an einen Bach zum Angeln.

Tim angelte einen alten Schuh.

Tim angelte einen Fisch.

Tim warf ihn wieder ins Wasser.

Tim nahm ihn mit nach Hause.

Zu Hause erzählte Tim seiner Mutter von seinem Angelerlebnis.

8 Eine Entscheidungsgeschichte schreiben

1 Schreibe deine Geschichte von Seite 54 auf.

8   Vier Absätze zu einer Geschichte ordnen

1   Bringe die Geschichte in die richtige Reihenfolge.
Trage die Zahlen 1 bis 4 ein.

Im Schwimmbad

Zuerst haben wir im Kinderbecken
mit dem Wasserball gespielt.
Dann sind wir vom Sprungbrett
ins tiefe Wasser gesprungen.

Gestern Nachmittag war ich
mit Anna im Schwimmbad.
Wir sind mit unseren Fahrrädern
dorthin gefahren.

Um 17 Uhr sind wir dann
wieder nach Hause gefahren.
Morgen gehen wir wieder
zusammen ins Schwimmbad.

Anschließend sind wir dann
noch drei Bahnen geschwommen.
Da war Anna schneller als ich.

8. Sechs Absätze zu einer Geschichte ordnen

1 Diese Geschichte ist durcheinandergeraten.
Bringe die Absätze in die richtige Reihenfolge.
Trage die Zahlen 1 bis 6 ein.

Drachen im Baum

Erleichtert gingen die beiden nach Hause.
In Zukunft werden sie
besser auf ihre Drachen aufpassen.

Draußen war es sehr windig.
Florian und Tanja wollten
ihre neuen Drachen steigen lassen.

Auch Tanja wollte ihren Drachen herunterholen.
Doch dann kam eine Windböe
und der Drachen verfing sich im Apfelbaum.

Der Wind wurde immer stärker.
Die beiden konnten ihre Drachen kaum noch halten.
Florian holte seinen Drachen zurück.

Tanja war traurig und weinte.
Zum Glück kam der Nachbar
und holte ihr den Drachen vom Baum.

Sie gingen mit ihren Drachen auf die Wiese,
auf der einige Obstbäume standen.
Im Nu flogen beide Drachen am Himmel.

8 Stichwörter in einer Geschichte unterstreichen

1 Finde und unterstreiche die Stichwörter in der Geschichte.

Paul übernachtet bei Oli

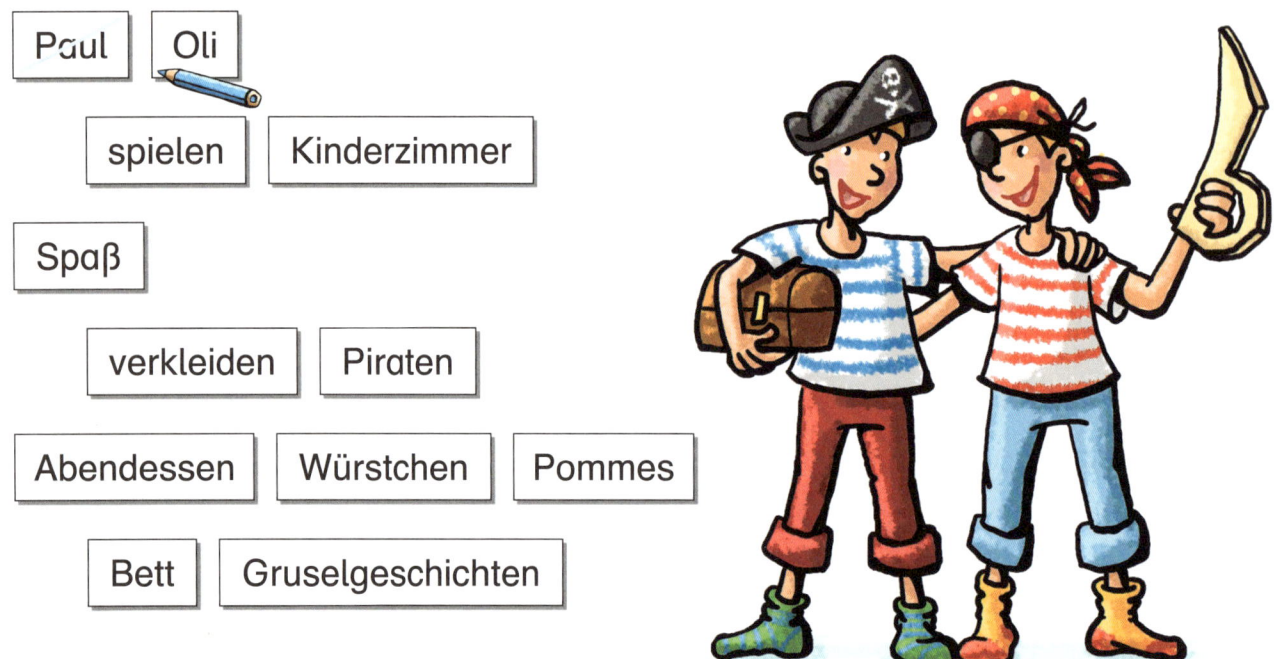

Paul | Oli

spielen | Kinderzimmer

Spaß

verkleiden | Piraten

Abendessen | Würstchen | Pommes

Bett | Gruselgeschichten

Paul besucht Oli.

Zuerst spielen sie im Kinderzimmer.

Dabei haben sie sehr viel Spaß.

Anschließend verkleiden sie sich als Piraten.

Zum Abendessen gibt es Würstchen mit Pommes und Ketchup.

Als sie ins Bett gehen, erzählen sie sich noch Gruselgeschichten.

8. Eine Geschichte nach Stichwörtern schreiben

1 Schreibe eine Geschichte. Benutze die Stichwörter.

Lisa und Lea spielen zusammen

Lisa		Lea

schaukeln	Garten

Spaß

Sandkasten	Kuchen	backen

Abendessen	Papa	grillen	Würstchen

Lisas Mama	abholen	winken

8 Wörter nach Themen ordnen

1 Unterstreiche alle Wörter zum Thema Fußball.

Elfmeter	Stall	Mähne	Torwart	Rote Karte	Sattel

Hindernis	Anpfiff	zuspielen	Ausritt	herunterfallen

galoppieren	foulen	Schiedsrichter	Reiterin	rennen

2 Ordne die Wörter in die Tabelle.

Fußball	Pferde
Elfmeter	Stall

8 Zu einem Thema eine Geschichte schreiben

1 Schreibe eine Geschichte zum Thema Fußball oder zum Thema Pferde.
Die Wörter auf Seite 60 können dir helfen.

8 Eine Geschichte zu Ende schreiben

1 Lies dir den Anfang der Geschichte durch.
Schreibe sie weiter.

Tina hat ein fliegendes Bett

Heute ging Tina ganz früh ins Bett. Sie war richtig sauer.

Den ganzen Tag hatte sie sich mit ihrer Schwester Betti gestritten.

Betti hatte Tinas Puppe die Haare abgeschnitten.

Am liebsten wäre sie weit, weit weg. Fort von ihrer Schwester.

Nun versuchte sie zu schlafen.

Plötzlich

8. Eine Fantasiegeschichte weiterschreiben

1 Lies dir den Anfang der Geschichte durch.
Schreibe sie weiter.

Olaf und die Zauberkatze

Olafs Traum ging in Erfüllung!

Er bekam eine Katze zum Geburtstag.

„Sie ist die schönste Katze der Welt!", rief Olaf.

Die Katze hatte sich schnell in ihrer neuen Umgebung eingelebt.

Doch bald bemerkte Olaf, dass seine Katze nicht normal war.

9 Texten eine Überschrift zuordnen

1 Lies die Texte. Ordne die passende Überschrift zu.
Erfinde für den dritten Text selbst eine Überschrift.

| Ein Wandertag mit Schrecken | | Ein gelungener Wandertag |

Die Klasse 2a machte kurz vor den Ferien eine Wanderung.

Sie liefen zu einem Waldspielplatz mit einer Grillstelle.

Die Kinder suchten Holz und zündeten mit der Lehrerin ein Feuer an.

Alle rösteten darüber Stockbrot. Es schmeckte sehr lecker!

Danach spielten sie auf dem Spielplatz. Das war ein toller Wandertag.

Die Klasse 2b wanderte zu einer Burgruine. Dort aßen sie ihr Picknick
und erkundeten das Gelände. Als Tim auf eine alte Burgmauer kletterte,
verlor er das Gleichgewicht und fiel hin. Sein Arm tat weh und wurde dick.
Am nächsten Tag kam er mit einem Verband in die Schule.
Er hatte sich den Arm verstaucht.

Die Klasse 2c wanderte zu einer Quelle, aus der ein kleiner Bach entsprang.
Dort wollte Lea ihr selbst gebautes Boot erproben. Doch sie rutschte aus
und landete im Wasser. Gerade wollte sie anfangen zu weinen,
als sie sah, wie ihr Boot losschwamm. Nun freute sie sich und war stolz.
Zum Glück war es so heiß, dass ihre Kleider bald trockneten.

9. Den Aufbau einer Geschichte kennen lernen

1 Lies die Absätze.

Schreibe über jeden Absatz den richtigen Begriff.

Wie fing es an? | Einleitung

Was ist passiert? | Hauptteil

Wie hörte es auf? | Schluss

> Den Anfang einer Geschichte nennt man Einleitung.

Susanne geht in die zweite Klasse.

Ihre Schule machte gestern einen Wandertag

zu einem Abenteuerspielplatz.

Um 8 Uhr ging es los.

Dort machten die Kinder erst eine Vesperpause.

Als Nächstes erkundeten sie den Spielplatz.

Susanne fuhr mit der Seilbahn und schaukelte.

Danach spielte sie mit Tim, Leo und Jasmin in der Ritterburg.

Dabei hatten sie viel Spaß.

Um zwölf Uhr packten die Kinder ihre Sachen zusammen

und gingen wieder zurück. Das war ein schöner Tag.

Einleitungen kennen lernen

1 In Einleitungen liest du was, wann, wo passiert.
Lies die Absätze durch. Kreuze alle drei Einleitungen an.

Rocafort ist ein ganz kleines Dorf in Spanien.
Dort gibt es nur drei Bauernhöfe.
Den ganzen Tag bewacht ein großer Hund
den mittleren Hof.

Wenig später
gibt Paul seiner Großmutter
einen Kräutertee zum Trinken.
Mit jedem Schluck
sieht sie wieder gesünder aus.

Und wenn sie nicht
gestorben sind,
dann leben sie
noch heute.

Plötzlich hörte man
einen lauten Knall.
Er drehte sich um
und erschrak.

Es waren einmal
ein Mädchen und ein Junge,
die in einer Hütte im Wald lebten.
Ihre Eltern waren sehr arm,
sodass die Familie
nicht genug zum Essen hatte.

Nano war ein kleiner Eisbär.
Er wurde am Nordpol geboren,
in einer Welt voller Eis und Schnee.
Mit seiner Mutter lebte er
in einer tiefen, warmen Höhle.

9. Einen passenden Schluss auswählen

1 Lies dir die Geschichte durch.
Kreuze den Schluss an, der dir am besten gefällt.

Lisa hat Geburtstag

Nach dem Aufwachen rannte Lisa voller Erwartung
ins Wohnzimmer. Dort blieb sie wie erstarrt stehen.
„Wo sind denn meine Geschenke?", rief sie empört.
Papa saß einfach am Frühstückstisch und aß sein Müsli.
Lisa setzt sich enttäuscht dazu.
Sie hatten ihren Geburtstag wirklich vergessen.
Doch auf einmal stürmten Mama, Oma und Tom herein.
Alle drei sangen ein Geburtstagslied.
Oma hielt eine Torte mit acht Kerzen in der Hand.

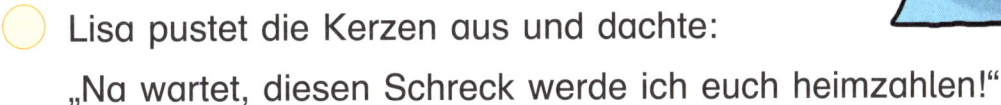

○ Lisa pustet die Kerzen aus und dachte:
   „Na wartet, diesen Schreck werde ich euch heimzahlen!"

○ Das war die beste Überraschung, die Lisa je erlebt hatte.

○ Erleichtert rief Lisa: „Toll, ich dachte schon,
   ihr hättet mich vergessen!"

2 Schreibe den Schluss auf, der dir am besten gefällt,
oder erfinde einen anderen Schluss.

9 Satzanfänge verändern

1 In dieser Geschichte beginnen einige Sätze mit dem gleichen Wort.
Schreibe die Geschichte.
Verändere die blauen Satzanfänge.

Allein zu Hause

| Danach | | Nun | | Plötzlich | | Schließlich |

Gestern war ich allein zu Hause.

Meine Eltern waren im Kino.

Im Bett habe ich noch gelesen.

Dann schlief ich ein.

Dann weckte mich ein Geräusch.

Dann hörte ich Schritte und Stimmen.

Dann ging das Licht an.

Papa und Mama waren wieder zu Hause.

Gestern

9. Adjektive benutzen

1 Lies den Text und sieh dir das Bild an.
Setze passende Adjektive in die Sätze ein.

Durch Adjektive kann man sich die Dinge besser vorstellen.

Auf dem Jahrmarkt

| laute | süße | grünes | superschnellen |

| herrliche | hohe | gruselige |

Tim geht mit seinen Eltern auf den Jahrmarkt.

Schon von Weitem hören sie die __laute__ Musik.

Zuerst sehen sie in der Geisterbahn viele _____ Gestalten.

Anschließend kauft sich Tim _____ Zuckerwatte.

Als Nächstes haben sie sich das _____ Karussell vorgenommen.

Dann fahren sie mit der _____ Achterbahn.

Nun zieht Tim ein Los und gewinnt ein _____ Kuscheltier.

Zum Abschluss genießen sie die _____ Aussicht vom Riesenrad.

9 Fehlerwörter verbessern

1 Verbessere die Fehlerwörter.
Schreibe die Verbesserung in die Zeile darüber.

Katze

Die katze Mini streift mal wieder durch die Garten.

Sie ist auf der Suche nach Mausen.

heute fängt sie aber nur eine Fliege.

> Satzanfänge → groß
> Nomen → groß
> ä → verwandtes Wort mit a

2 Finde die sieben Fehler und verbessere sie.

Tim und lisa gehen mit Imo spazieren.

Sie kommen an einer Wiese mit Apfelbeumen vorbei.

tim sammelt zwei Äpfel auf. In der Nähe ist ein kleiner rastplatz.

dort machen die beiden freunde eine kurze Pause

und verspeisen ihre Epfel.

9 Einen Text überarbeiten

1 Lies den Text. Überlege, was du besser machen könntest.
Schreibe den verbesserten Text auf.

> Überschrift
> Einleitung
> Fehler
> Adjektive
> Schluss

Um 3 Uhr kam tim in der Bücherei an.

Er suchte Bücher über Beume und ihre Bletter.

dann las er vir Zeitschriften.

Dann ging das licht aus.

Dann war es zehn Minuten lang dunkel.

Dann ging das Licht zum Glück wieder an.

Einsterns 2 Schwester

Arbeitsheft 3

Texte schreiben

Herausgegeben von:	Roland Bauer, Jutta Maurach
Erarbeitet von:	Katrin Baudendistel, Daniela Dreier, Alexandra Schwaighofer
Redaktion:	Elisabeth Wagner
Illustration:	Yo Rühmer
Umschlaggestaltung:	Sandra Knopke
Layout und technische Umsetzung:	Katrin Tengler

Text- und Bildquellen

11 Katrin Engelking. Aus: Pippi Langstrumpf. Oetinger Verlag, Hamburg 2007.
14/15/16 Fotolia Deutschland GmbH.
18 Könnecke, Ole: Anton und die Blätter. Hanser Verlag, München 2007.
19 Könnecke, Ole: Anton und die Mädchen. Hanser Verlag, München 2004.
38 Bydlinski, Georg: Ein Kind singt auf dem Schulweg. In: Wasserhahn und Wasserhenne. Dachs Verlag, Wien 2002.
39 Brender, Irmela: Wir. In: Fuhrmann, Joachim: Gedichte für Anfänger. Rowohlt Verlag, Reinbek 1980.
40 Johansen, Hanna: Ein Krokodil. © Hanna Johansen.

www.cornelsen.de

1. Auflage, 18. Druck 2021

Alle Drucke dieser Auflage sind inhaltlich unverändert
und können im Unterricht nebeneinander verwendet werden.

© 2009 Cornelsen Verlag, Berlin
© 2017 Cornelsen Verlag GmbH, Berlin

Druck: Athesiadruck GmbH

ISBN 978-3-06-082237-9

Dieses Heft ist Bestandteil der Lernbox „Einsterns Schwester 2" (ISBN 978-3-06-082222-5) und kann auch einzeln bestellt werden.

PEFC zertifiziert
Dieses Produkt stammt aus nachhaltig
bewirtschafteten Wäldern und kontrollierten
Quellen.
PEFC
PEFC/18-31-166
www.pefc.de